NOTICE HISTORIQUE

SUR LA

NOUVELLE ÉGLISE RÉFORMÉE

DE CROISSY (MARNE)

SON ORIGINE ET SON DÉVELOPPEMENT

(1872 à 1877)

PAR

E. BRIET

SE VEND AU PROFIT DE CETTE ŒUVRE

PARIS

J. BONHOURE ET Cᵢₑ, ÉDITEURS

48, RUE DE LILLE, 48

—

1878

LA
NOUVELLE ÉGLISE RÉFORMÉE
DE TROISSY

POSITION TOPOGRAPHIQUE.

Troissy, chef-lieu d'une commune de la Marne, est bâti dans un site agréable, et possède environ 1,000 habitants, d'un tempérament paisible, et presque tous occupés à la culture de la vigne. Cette contrée appartient à l'ancienne province de la Champagne. De l'est, du sud, de l'ouest, Troissy est entouré d'une chaîne de collines assez élevées, couvertes de vignobles, et formant un hémicycle qui s'ouvre au nord sur le bassin de la Marne souvent inondé en hiver. A un demi-kilomètre nord de Troissy, sur les bords de la Marne, se déroule la ligne ferrée de Paris à Strasbourg ; vers l'ouest, à un kilomètre et demi, une dépression de la montagne abrite un hameau nommé Bouquigny, dépendance de Troissy, et dont l'histoire religieuse a la même origine.

A environ 110 kilomètres est de Paris, à 16 kil. ouest

d'Epernay, le village qui nous occupe se trouve à presque égale distance des stations de Dormans, chef-lieu de canton à l'ouest, et Port-à-Binson à l'est. Il paraît en être à son second retour à l'Evangile. Nos héroïques réformateurs du XVIᵉ siècle avaient déjà vu cette localité et ses environs quitter Rome pour revenir au chritianisme évangélique et primitif ; mais ceux qui croient que l'on peut régner sur les consciences par la force brutale et la contrainte se servirent de l'épée des trop fameux Guises pour faire rentrer dans le giron du papisme ceux qui avaient eu le courage d'en sortir. Voici ce que dit à cet égard le Préfet de la Marne : « Si cette demande [1] de quelques « habitants de Troissy s'était produite dans un temps « normal, il n'y aurait pas même lieu de se demander « si elle a été dictée par une conviction religieuse ; et » dans ce cas, on devrait d'autant mieux croire à un « réveil que la population de Troissy était protestante « à l'époque de la bataille de Dormans, et fut repla-« cée par le duc de Guise dans le giron du catholi-« cisme. »

Lettre du préfet du 17 mai 1872.

ORIGINES SUPPOSÉES.

Quelques personnes ont pensé que le mouvement religieux de Troissy avait son origine dans l'initiative

---

1. Des habitants de Troissy demandaient l'autorisation de réunions religieuses.

consciente d'une personne de Bouquigny, qui ayant été nourrice chez le vénéré pasteur Meyer de Paris, en aurait rapporté quelque étincelle de foi évangélique, et une Bible qu'elle aurait lue et fait lire à ses voisins. Sans vouloir rien ôter à ces faits, je dois le dire cependant : ma conviction est que cette œuvre a une base beaucoup plus profonde dont Dieu seul a le secret ; et qu'il y a lieu de rappeler ici cette parole d'Esaïe, ch. LXV, v. 1 « J'ai été trouvé par ceux qui ne « me cherchaient point, etc. » ; les faits démontrent cette vérité.

POINT DE DÉPART. — LES TROIS ENVOYÉS.

MM. Duchenet, Orban et Rondeau, tous trois encore existants, munis des meilleures recommandations, vinrent à Vaux, commune d'Essommes (Aisne), et s'adressèrent dans une maison catholique pour demander qu'on voulût bien leur indiquer où logeait le pasteur protestant qu'ils désiraient voir pour se renseigner sur les bases de la religion protestante. Le pasteur venait de quitter Vaux où il avait habité, pour prendre un autre poste, et l'on déclara à ces messieurs que, pour qu'il fût répondu à leur demande, il leur fallait descendre au hameau voisin, à Monneaux, où le nouveau pasteur venait de fixer sa résidence ; on leur indiqua en outre la demeure du sous-

28 février 1872.

signé, leur promettant que là il serait satisfait à leur désir.

Ces trois envoyés étaient membres de la municipalité de Troissy ; ils étaient porteurs d'un excellent certificat de bonnes vie et mœurs, qui ne laissait aucun doute sur leurs personnes. Sitôt qu'ils furent entrés, ils présentèrent leurs pièces et abordèrent franchement le sujet de leur démarche, déclarant que ce n'était pas seulement en leur propre nom qu'ils la faisaient, mais aussi et surtout au nom de leurs concitoyens. Grand fut alors notre étonnement ; c'était une ambassade, et nous nous souvînmes du songe de saint Paul, Actes XVI : « Passe en Macédoine, et viens nous secourir ».

Il était de toute évidence que nous nous trouvions en face d'un vœu général. Le pasteur, M. Tintelin, qui, à ce moment, n'était pas encore titulaire du poste de Monneaux, se trouvait absent; la conversation dut donc s'engager entre laïques ; tout d'abord ce fut timidement, mais à mesure que l'on sentit les questions se succéder toujours plus sérieuses, elle devint plus grave et dura ainsi jusque vers le soir. Une visite au temple termina la journée. Nous promîmes d'aller les voir le dimanche suivant.

PREMIÈRE VISITE A TROISSY.

Nous prenons à Château-Thiery nos billets pour 8 mars. Dormans; à peine une demi-heure s'est-elle écoulée, que nous arrivons à la station. Nos trois visiteurs nous y attendaient. Ils s'étaient pourvus d'une voiture pour nous épargner la peine de franchir à pied les 4 kilomètres qui séparent Dormans de Troissy. Ce court voyage fut des plus agréables et la conversation qui en fit le charme fut très-animée.

La voiture avance; nous tournons un monticule, et Troissy se dessine à nos yeux. Ce moment fut solennel. Une émotion soudaine, involontaire, s'empara de nous; tout le sérieux et la gravité de la situation se fit alors sentir; car, en somme, nous nous acheminions vers l'inconnu. Un retour sur nous-mêmes nous fit voir notre insuffisance pour oser entrer ainsi dans l'œuvre de Dieu. Cependant l'appel était direct, notre devoir tout tracé; la chair luttait contre l'esprit, lutte solennelle dont le souvenir est resté gravé dans notre cœur. Ce sentiment de notre insuffisance et de notre responsabilité nous donna cette légitime et sainte défiance que tout chrétien a de soi-même; mais une ferme confiance en la bonté de Dieu nous soutint, et sous cette influence bénie toute crainte s'évanouit promptement.

Le temps s'enfuit vite et nous entrons bientôt dans Troissy. M. Orban, notre obligeant conducteur, nous dirige vers son domicile, où nous descendons.

A peine arrivés, on nous entoure, on nous questionne : on veut savoir ce que c'est qu'un protestant; et, chose curieuse, on veut surtout savoir si la fameuse légende dit vrai. Beaucoup sont désabusés en constatant l'absence de tout stigmate, en voyant qu'ils avaient affaire à des hommes ordinaires, leur parlant à front découvert. Objets d'une curiosité avide autant que sympathique, nous avions l'air de plantes exotiques exposées aux regards scrutateurs de la foule. Bientôt cependant cette curiosité se changea en intérêt affectueux, en questions sérieuses qui se succédaient sans interruption, tellement que le temps manquait pour satisfaire à cet ardent désir de s'éclairer.

Il nous fut ainsi facile de voir combien les esprits étaient profondément remués, et qu'en y jetant la Parole de vie, les fruits ne se feraient pas attendre longtemps. Déjà il s'était formé entre nous un lien spirituel, signe précurseur et certain d'un prochain avenir de foi et d'espérance communes, qui bientôt allaient cimenter ces liens de l'esprit. Mais le soir était venu, il fallait se séparer, non pas toutefois sans promettre de revenir bientôt.

Nos trois conducteurs nous ramenèrent à la gare de D., la joie empreinte sur le visage. En passant à Try, devant l'usine hydraulique, le chef de cet établissement sortit sur la route et demanda si « cela irait ! » — « Oh ! oui, répondit M. O., cela va déjà « très-bien. » Arrivés à la station, et avant de se séparer, on fixa à huitaine la seconde visite, qui, cette fois, devait avoir pour résultat une réunion en plein air : c'était hardi, mais enfin l'autorité locale l'avait, sinon demandée, au moins obligeamment permise ; le maire semblait être du nombre de ceux qui nous appelaient ; et surtout, Dieu veillait sur nous.

SECONDE VISITE.

Une semaine s'écoula et donna lieu à de nombreux 10 mars. entretiens : toutes les pensées étaient tournées vers Troissy ; c'était pour l'Eglise de Monneaux un fait capital et sans précédent. Plusieurs de ses membres voulurent s'en rendre compte personnellement ; il fut convenu qu'à ce second voyage, deux membres du conseil presbytéral accompagneraient le pasteur. Arrivés à la gare de Dormans, nos trois visiteurs trouvèrent les mêmes conducteurs qui les attendaient avec leur véhicule, et depuis lors on peut dire qu'il y eut comme un véritable service organisé pour l'aller

Une assistance nombreuse accueillit nos amis, qui, aussitôt arrivés, furent priés de tenir en plein air une assemblée religieuse. M. le pasteur Tintelin fit le service dans une grande cour. La chaire ne fut pas élégante, mais nul ne s'en plaignit; au contraire, les auditeurs étaient heureux de cet incident, y voyant quelque ressemblance avec l'Eglise sous la croix où avaient vécu les aïeux, et leur joie en était augmentée d'autant. En ce jour d'agréable mémoire, les tas de fumier eurent le rare honneur de servir de tribune à la prédication de la pure et simple foi chrétienne, telle qu'elle nous a été laissée par notre Seigneur Jésus-Christ dans les écrits des saints apôtres; Parole divine à laquelle nous ne voulons point déroger.

Cette doctrine du salut, exposée dans toute sa simplicité, frappa, émut les auditeurs au nombre de plus de deux cents. Ce christianisme primitif, pur de toute controverse et tout nouveau pour eux, les conduisit à le comparer eux-mêmes au romanisme dont les incessantes innovations ont fini par voiler la vérité; de sorte que plusieurs ont pu redire cette parole d'un grand philosophe français (de Saint-Martin): « Faut-il donc tant de choses pour prier Dieu? »

La réunion se tenait presque sous les fenêtres du prêtre d'un côté, et de l'autre non loin de celles des sœurs; de sorte que si sur les visages des auditeurs on lisait l'expression de la joie, sur d'autres se peignait l'expression d'un sourd mécontentement. On ne fit pendant longtemps à ces paisibles réunions fraternelles aucune opposition, pourtant toujours de mode en pareilles circonstances.

Après cette démonstration fidèle du vrai christianisme évangélique, et la lecture des prières liturgiques, l'assemblée se sépara dans un calme et un ordre parfaits. Le reste de la journée fut consacré à des visites à domicile, qui firent des heureux ; on étudia les chants sacrés. L'œuvre s'affirmait avec toujours plus de netteté et de franchise : une sincère cordialité chrétienne existait déjà et nous unissait désormais ; aussi, lorsque venait l'heure du départ, ces nouveaux amis pressaient leurs visiteurs de revenir au plus tôt.

DÉVELOPPEMENT DE L'ŒUVRE.

Les habitants du hameau de Bouquigny s'étant joints à ceux de Troissy pour demander des assemblées religieuses évangéliques, voulurent avoir aussi leur tour ; et dès le 17 mars il y eut là, chez MM. Rondeau et Nanteuil, des réunions presque aussi nombreuses qu'à Troissy. Dès lors, il y eut dans ces deux endroits des réunions simultanées et souvent successives ; car de Troissy, on était comme forcément entraîné vers Bouquigny, où l'on se sentait porté comme sur les ailes de l'amour fraternel; c'étaient autant de fêtes chrétiennes que le cœur ne peut oublier.

Après cette trop courte note sur Bouquigny, j'avertis le lecteur qu'il n'en sera plus désormais parlé ici que comme œuvre générale de Troissy, vu leur liaison intime.

Le mouvement prenant de l'extension, de la consistance et du sérieux, on résolut d'organiser un service religieux plus ou moins régulier que présideraient tour à tour les pasteurs de Meaux et de Monneaux, ou un ancien de l'une de ces deux Eglises. Cela dura six à sept mois, et dès lors s'établit entre Troissy et Monneaux un échange de bons rapports et de fréquentes visites rendues faciles à l'aide de voitures faisant le transport de Château-Thierry à Monneaux distant de 6 kilomètres. A Monneaux, ces nouveaux frères retrouvaient un autre chez eux; ils y rencontraient les mêmes habitudes, si ce n'est les mêmes mœurs améliorées : car Monneaux, situé presque au fond d'une petite vallée assez profonde et jolie, allant du sud au nord, longue de trois kilomètres et adjacente à celle de la Marne, est aussi campagne et vignoble. Il est incontestable que des coutumes si semblables ont grandement contribué à donner au mouvement religieux de Troissy une impulsion active et le caractère sérieux dont il fut empreint dès l'origine. De l'aveu de ces frères, un pareil résultat n'eût pu être obtenu au seul contact d'une Eglise de grande ville. Ne devons nous pas voir encore dans ce fait l'action visible de Dieu?

Ces relations furent tellement bénies qu'il se forma bientôt entre les âmes sérieuses des deux Eglises un lien d'affection vive et profonde, tel que celui qui unit la mère et la fille.

Le bruit de cet événement se répandit bientôt, et Troissy commença à être visité par les pasteurs de l'Eglise de Reims; M. Monnier, de Saint-Quentin; M. Lorriaux, agent de la Société centrale; M. le pasteur Gorry, de Dublin; et par plusieurs laïques venus de Suisse et de Belgique.

CRÉATION D'UNE ÉCOLE DE FILLES.

Il avait été pourvu jusqu'ici, dans la mesure du possible, aux besoins spirituels de l'Eglise naissante; il était temps de songer à la jeunesse que l'énergique protestation des parents avait fait sortir des écoles communales, et qui était ainsi depuis plusieurs mois laissée à elle-même.

Une grange en construction semblait inquiéter les cléricaux, au point qu'un jour les sœurs institutrices

communales se hasardèrent à demander au proprié-
taire, M. Duchenet, l'un des chefs du réveil, si ce
n'était pas un « temple qu'il construisait là ? » et celui-ci de leur donner une réponse affirmative, quoique l'on n'y pensât pas le moins du monde. Cependant cet incident, raconté en plusieurs circonstances,
fit naître chez quelques-uns l'idée que l'on pourrait
en effet disposer ce bâtiment pour en faire, non un
temple, mais bien une classe. L'idée fut prise au sérieux et on prépara le local, que les pasteurs de
Meaux et de Monneaux meublèrent de tables, de
cartes, etc. Puis on appela Mme veuve Reynaud, née
Rampon, de Nîmes, pour y ouvrir une école libre.
Elle la dirigea avec une sagesse qui la fit admirer des
parents, auprès desquels elle fut aussi un témoin
constant de la vérité.

Au mois de juillet, ceux qui s'intéressaient à cette
œuvre estimèrent que, si régulières que fussent les visites, elles ne pouvaient répondre à tous les besoins,
quoique l'on ne pût pas encore alors se faire une juste
idée du nombre des adhérents, car le réveil s'accen-
tuait vers le sud, dans des communes voisines, où
déjà l'on avait été demandé. On conçut donc l'idée
de placer à Troissy un évangéliste à poste fixe.
L'homme était tout trouvé.

PLACEMENT D'UN ÉVANGÉLISTE.

En présence d'appels aussi pressants, des chrétiens Août 18. ne pouvaient faire la sourde oreille, et l'on sentit que le devoir s'imposait d'installer au sein de ce réveil un homme vieilli dans la lutte et l'expérience de la vie chrétienne. Cet homme, on l'avait sous la main, à Monneaux ; ce fut M. Maître, ancien instituteur, qui connaissait par lui-même ce que coûte de souffrances une réelle conversion à l'évangile, puisqu'il y avait perdu une position sociale et son avenir matériel.

Il accepta de bon cœur cette tâche et partit plein de confiance en Dieu. Sa première résidence fut à Bouquigny, chez M. Rondeau, l'un des trois délégués. Il paraissait y avoir en cet endroit un noyau considérable d'âmes avides des vérités chrétiennes, et M. Maître pouvait, de là, se rendre où le besoin s'en faisait sentir ; il était aux portes de Troissy. Quelques mois plus tard, il sentit le besoin d'habiter Troissy, position plus centrale, où il y avait plus à faire, et où il pouvait agir de concert avec Mme Reynaud, qui demandait à être soutenue dans l'œuvre d'évangélisation qu'elle avait commencée parmi les personnes de son sexe.

Notre évangéliste dut alors beaucoup travailler et réussit à éclairer, à affermir ces nouveaux frères dont les convictions religieuses étaient encore bien vagues, incertaines et peu intelligentes ; car, il faut bien le dire, tout était à faire pour ces chères âmes ; — les ténèbres, l'ignorance des choses du salut, l'incrédulité et son déplorable cortége ne pouvaient être dissimulés. Jusqu'alors ils n'avaient vu et constaté que des abus ; ce qui avait oblitéré en eux l'intelligence du vrai.

Oui, tout était à faire ; et c'est à peine si l'on en peut croire ses souvenirs, tant la transformation est profonde chez bon nombre d'entre eux.

11 juillet. Peu après l'arrivée de M. Maître à Troissy, on pensa à organiser une bibliothèque. Plusieurs personnes y contribuèrent, notamment M. Holden de Reims, celui-ci par un don en argent, les autres en offrant quelques volumes ; c'est ainsi que l'on trouve sur ses rayons, à côté des livres de la Société de Toulouse, les ouvrages de M. A. de Gasparin, offerts par sa digne veuve, des ouvrages du pasteur Moulinié, ancien doyen de l'Eglise de Genève, offerts par M. F. Marthe, de Cormondrèche (Suisse), deux volumes du grand théosophe allemand, Bœhm, offerts par M. Papelard A., de Monneaux ; presque tous ouvrages de vie intérieure dont l'on ne peut assez recommander la lecture.

EXTENSION DU MOUVEMENT. — ENQUÊTE.

Quelques habitants de la commune de Nesles-le- 15 août.
Repond ayant, le 15 août, fait une demande écrite
au pasteur de Monneaux pour qu'il voulût bien leur
donner des réunions religieuses, M. Tintelin se
rendit sur les lieux après avoir consulté le maire
qui autorisa ces réunions, tout en déclarant qu'il ne
pouvait se rendre responsable que des faits soumis à
sa juridiction. Le 25 du même mois, il y eut chez 25 août.
M. Mallet une assemblée nombreuse et bien recueillie
qui écouta très-attentivement la lecture de la sainte
Écriture, nos prières liturgiques et une méditation
simple et pure de toute controverse sur saint Paul
aux Cor., 1re Ep., ch. II, v. 2 : « Je n'ai pas jugé que je
dusse savoir autre chose parmi vous que Jésus-
Christ et Jésus-Christ crucifié. » Après le service, les
assistants qui encombraient la maison et ses abords
se séparèrent et s'en allèrent en se racontant leurs
impressions individuelles et leur surprise. Tout se
passa d'une manière calme et digne.

Il y eut dans la suite plusieurs réunions intimes
tenues par des laïques et des visites à domicile.

Le 7 septembre eut lieu une nouvelle et plus 7 sept.
nombreuse assemblée que la première. Elle fut présidée par trois pasteurs : M. Bouvier, président du con-

2.

sistoire de Meaux ; M. Gorry, pasteur à Dublin (Irlande), et M. Lorriaux, agent général de là Société centrale d'évangélisation à Paris. L'autorité avertie veillait. Deux gendarmes, venus de Dormans, étaient chez le maire, se tenant prêts à faire irruption au sein de la pacifique assemblée : le maire s'y opposa énergiquement en disant : « Messieurs, je connais mes gens, ils sont réunis paisiblement ; je vous en prie, n'allez pas transformer cette paix en tumulte, laissez-moi faire, j'irai seul. » Les gendarmes voulaient l'accompagner, puis le suivre de loin ; le maire opposa à tout cela un refus catégorique et fut obéi. Toutefois il fallait exécuter les ordres reçus ; le maire ceignit son écharpe et vint respectueusement, et presque en s'excusant, déclarer aux assistants qu'il était forcé de leur dénoncer l'illégalité de leur réunion et d'en dresser procès-verbal. Cet incident se passa dans le plus grand calme ; puis le maire sortit, et la réunion continua.

Plusieurs habitants des communes voisines, Comblizy, Igny-le-Jard, étaient présents à cette réunion ; leurs cœurs furent touchés, ils s'en retournèrent tout en commentant ce qu'ils venaient d'entendre et pleins du désir que l'on en fît autant dans leurs villages, ils demandèrent à leur tour qu'on voulût bien aller les visiter et leur donner ces précieuses réunions dont ils venaient d'être témoins.

Cela fut porté à la connaissance du consistoire de Meaux, qui, après en avoir délibéré, décida à l'unanimité d'en faire l'objet d'une enquête sérieuse et nomma deux de ses membres pour exécuter sa décision ; ce furent MM. Bouvier, président, et Briet, ancien.

Arrivés à Troissy, l'un de ces nouveaux frères eut l'obligeance de nous conduire par la montagne, à travers les chemins boueux de la forêt, jusqu'à Nesles, situé tout au pied du versant sud. Là aussi, ils eurent la joie de constater les bienveillantes dispositions de l'autorité locale, et un désir sincère d'être éclairé par l'évangile. A Nesles comme à Troissy, on rencontra un noyau d'âmes sérieuses cherchant les choses religieuses et n'ayant que cela pour but. Dois-je exprimer un profond regret ? Oui, et je dirai que ces précieuses dispositions ont été depuis lors trop négligées ; dès lors aussi plusieurs de ces âmes travaillées se sont vues obligées de franchir la montagne pour se joindre à leurs frères de Troissy, faute ^{25 sept.} de réunions dans leur localité

De Nesles, les enquêteurs furent conduits vers l'ouest, par une prairie verdoyante, jusqu'au pied du monticule où est situé le village de Comblizy, et où, comme à Nesles, les habitants demandaient l'instruction religieuse évangélique.

Arrivés en cet endroit, nous nous adressâmes au maire qui nous reçut très-bien ; il connaissait le but de notre visite. Ce magistrat nous dit bientôt combien il était fatigué des ténèbres religieuses qui l'enserraient lui et les siens, et demanda au pasteur, M. Bouvier, de vouloir bien tenir une réunion évangélique dans l'église du lieu, ajoutant qu'il allait en ouvrir les portes et que ses administrés en seraient heureux. « Nous avons besoin des choses religieuses, disait-il ; « le prêtre ne vient plus dire les offices, parce que le « conseil municipal s'est refusé à lui payer ses frais « de chaussures ; entrez donc dans l'église, et faites-y « un service religieux ». Ces paroles prononcées avec sérieux disent assez qu'il y avait là aussi une soif réelle de la vérité évangélique. Cependant, par mesure de prudence (excessive peut-être), on crut devoir décliner cette offre, pourtant si pleine de franchise.

L'enquête eut pour effet de démontrer avec évidence qu'à cette époque un souffle puissant de l'Esprit passait sur la partie sud-est du canton de Dormans ; les âmes étaient travaillées et désiraient la lumière ; il aurait fallu dans cette contrée quelques chrétiens expérimentés, jeunes, intelligents et dévoués ; mais où les trouver ?

C'est ainsi que jusqu'ici les communes de Comblizy et d'Igny-le-Jard n'ont pu obtenir les réunions tant désirées, et que l'un des plus beaux champs missionnaires de l'époque est resté sans culture.

ANNEXION A L'ÉGLISE DE REIMS.

Au beau milieu de cet état prospère, et lorsque 27 sept.
l'œuvre recevait une organisation solide, parut un
arrêté ministériel se fondant sur le fait que Troissy
est dans la Marne, pour rattacher cette belle œuvre à
l'Eglise de Reims et au consistoire de Sedan. C'était le
fait de la loi ; il n'y avait qu'à s'incliner. Le rôle
officiel du consistoire de Meaux et de l'Eglise de Monneaux finissait ; mais il restait les liens indissolubles
de l'esprit et les rapports les plus affectueux. Du reste,
l'Eglise de Reims pouvant disposer de ressources plus
grandes, faisait, depuis déjà plusieurs mois, d'impor-
tants sacrifices d'argent, et je ne puis mieux terminer
cet article qu'en rendant ici même justice aux âmes
généreuses qui les ont faits, à leurs pasteurs qui en
ont fait un si bon emploi, et notamment au zèle infa-
tigable dont fit preuve M. le pasteur Labourgade en
faveur de l'œuvre naissante de Troissy et pour laquelle
il fut un puissant et intelligent soutien. Il fut son
conseiller, son guide, son défenseur intrépide contre
les agissements malheureux d'une administration
dépourvue de toute bonne volonté ; aucune démarche
ne lui coûtait ; aussi son nom reste-t-il à toujours gravé
au cœur de la jeune communauté de Troissy où il a

tant contribué à faire renaître la Parole de vie, proscrite depuis des siècles.

INFLUENCES BÉNIES.

L'influence de l'évangéliste ne tarda pas à produire ses fruits. Ses instructions eurent un effet béni. Ces nouveaux frères virent bientôt qu'ils avaient rencontré autre chose que ce qu'ils voulaient trouver. Ils avouaient être venus à Monneaux cherchant une forme religieuse qui pût leur offrir un refuge contre le cléricalisme ; ils avaient pleine conscience des ténèbres où on les tenait, à tout prix ils voulaient en sortir ; les abus dont ils avaient souffert jusqu'alors avaient fini par détruire en eux tout élément de foi positive, et ils ne cherchaient plus à sortir de là que par la libre pensée. Ils désiraient ardemment que leurs enfants reçussent une bonne instruction élémentaire, qu'ils se plaignaient de ne pas avoir reçue eux-mêmes et qui faisait complétement défaut pour leurs filles.

Un instituteur intelligent, qui avait toute leur confiance, était suspecté de libéralisme et sous le coup de menaces. Cet état de chose ne pouvait plus durer ; mais en tout cela ils n'avaient en vue que le temporel, et ils étaient fort loin de se douter que, chemin faisant, ils rencontreraient les lumières de l'Esprit de vie et seraient amenés au pied de la croix de leur unique Sauveur. Eh bien! Dieu en soit loué! plusieurs d'entre eux connaissent les joies et la paix de l'esprit, précieux couronnement de l'édifice de Dieu; ce dont ses enfants se réjouissent.

Après Dieu, et sous sa paternelle direction, cette grande transformation est due à l'influence chrétienne de M. Maître et de Mme Reynaud qui, de son côté, en chrétienne profondément convaincue, se mit de suite à l'œuvre, groupant autour d'elle ses nouvelles sœurs pour leur lire et leur expliquer les saintes Ecritures. Elle les visitait à domicile, leur donnait ses conseils et ses directions, leur imprimant dans l'esprit ses convictions religieuses. La simplicité et l'humilité étaient les qualités dominantes chez cette personne d'élite; sa présence commandait le respect et le sérieux ; elle savait si bien s'identifier avec ses amies, qu'il fallait la connaître pour l'en distinguer, ce qui la fit profondément aimer.

Tous alors étaient remplis du feu du premier amour. L'Eglise s'accroissait, sinon en nombre, du moins en âmes animées d'un sincère désir d'être toutes à Jésus.

La majeure partie était des jeunes gens ; de ce fait le nombre s'accrut aussi par les naissances. Le premier baptême fut celui de Orban Elisée, qui eut pour marraine l'institutrice, et pour parrain un ancien de l'Eglise de Monneaux. A ce baptême assistèrent plusieurs personnes venues de Meaux et de Monneaux ; M. Labourgade fut le pasteur officiant ; MM. les pasteurs Bouvier et Tintelin, accompagnés de quelques laïques, étaient aussi présents. Depuis lors, nombre de baptêmes eurent lieu, et chacun d'eux fut un sujet de fête pour tous : mais c'est à l'occasion du premier que fut offerte à l'Eglise la Bible pour les offices. Plusieurs allocutions furent prononcées par pasteurs et laïques, entr'autres une sur Genèse, xxxv, v. 2-4. « Jacob dit à sa famille, et à tous ceux qui « étaient avec lui : Otez les dieux des étrangers qui « sont au milieu de vous, et purifiez-vous, et changez « de vêtements, et levons-nous,.et montons à Béthel, « et je ferai là un autel au Dieu fort, qui m'a répondu « au jour de ma détresse, et qui a été avec moi pen- « dant mon voyage. »

« Alors ils donnèrent à Jacob tous les dieux des « étrangers qu'ils avaient, et les bagues qu'ils avaient « pendues à leurs oreilles, et il les enterra sous un « chêne qui est près de Sichem [1]. »

Cette belle et paisible fête de famille eut lieu chez M. Duchenet. Mais il lui fallait un couronnement. L'autorité inquiète se chargea de le donner par un

1. Ce texte est inscrit comme dédicace de la Bible.

procès : ce fut la seule entrave qui ait été mise à l'œuvre de Troissy. Mais ce procès, joint à celui de Nesles-le-Repond, contribua plutôt à l'étendre qu'à l'ébranler ; il était déjà tard pour essayer d'intimider, cela ne pouvait plus être qu'une ombre au tableau propre à en faire ressortir d'autant mieux la lumière et la vie.

Nos deux fidèles employés continuèrent leur œuvre en silence jusqu'à ce que la maladie vînt forcer l'un d'eux à la retraite.

DÉPARTS. — SÉPARATIONS. — SUCCESSEURS.

L'Eglise de Troissy vécut ainsi quelque temps dans une douce et paisible joie toute chrétienne ; puis, tout à coup, l'institutrice fut atteinte de l'une de ces maladies qui ne pardonnent pas. Après avoir subi plusieurs traitements sans résultat, les progrès en furent si rapides que le péril devint bientôt évident ; il fallut se résigner à la laisser partir. Elle reprit le chemin de Nîmes, et put encore rentrer au foyer paternel où elle s'éteignit bientôt en consolant ses parents, et même en les amenant à son Sauveur ; heureux privilége !

Dans son retour, Mme Reynaud fut escortée en esprit par les prières des âmes qu'elle avait amenées à Jésus et qui la suivirent ainsi dans sa retraite, dans ses souffrances, dans son agonie et jusqu'à son entrée au séjour des rachetés, où elle les attend dans la paix. Répétons-le : heureux privilége !

Impossible de dire combien cette séparation fut dou-loureuse pour les grands et les petits, les vieux et les jeunes ; une seule chose est possible ici pour nous, c'est d'assurer que le souvenir de cette âme d'élite ne passera point à Troissy, jusqu'à ce que le sépulcre ait englouti le dernier représentant de la génération contemporaine.

La Société chrétienne du Nord dut aviser au remplacement de Mme Reynaud ; et Mlle Martin fut appelée à diriger l'école, ce qu'elle a fait depuis lors avec succès.

Après le départ de Mme Reynaud, M. Maître continua à grouper autour de lui les âmes affamées du vrai pain de vie, et près de lui elles se serraient toujours plus étroitement, sentant que bientôt un suprême sacrifice allait leur être demandé ; car l'âge de leur guide spirituel avait amené un affaiblissement corporel progressif, et avec ce frère aîné allaient disparaître les premiers auteurs visibles de leurs joies chrétiennes.

Comme la Société du Nord avait pourvu au remplacement de l'institutrice, elle s'était déjà mise

en mesure de donner un successeur à l'évangéliste, dans la personne de M. Charlier, pasteur, qui se
fixa d'abord à Epernay, où il y a un groupe de pro-
testants, et d'où il se rendait tous les deux dimanches
à Troissy.

Cela ne dura que quelques mois.

Enfin, après trois années de travail, vu son âge
avancé, vu les circonstances, vu surtout ses dispositions spirituelles, M. Maître pensa que l'heure était
venue de se retirer, pour passer ses derniers jours
dans la retraite et la liberté, dans une communion
intime avec son Rédempteur, son seul trésor. C'est
ainsi qu'au grand regret de ses enfants en la foi,
M. Maître dut quitter Troissy et s'en aller, sans for-
tune, rejoindre les siens à Lyon, où il vit dans la foi
en son Sauveur, attendant patiemment l'heure de
la délivrance.

Du fond de sa retraite, il ne cesse de manifester sa
profonde affection pour son ancien troupeau, qui la
lui rend par un souvenir ineffaçable.

Lorsqu'un visiteur se présente chez nos amis de
Troissy, il y trouve l'accueil le plus bienveillant, et
aussitôt ils lui racontent leur histoire, indissoluble-
ment liée aux noms vénérés de M. Maître et de
Mme Reynaud, qui sont pour eux les causes appa-
rentes de leur vie nouvelle.

Quelque temps après le départ de M. Maître,

M. Charlier vint habiter Troissy, qui, par ses soins, possède maintenant un joli petit temple, où le troupeau se réunit librement. Au temple vont être adjoints le presbytère et l'école, de sorte qu'après cinq années, l'œuvre de Troissy entre dans la période de couronnement temporel. Dieu veuille que ce soit pour sa gloire !

Témoin oculaire du réveil de Troissy en 1872, en ayant vu l'origine et le développement, j'ai cru nécessaire pour la vérité historique d'exposer simplement et brièvement les faits, tels qu'ils se sont produits et selon leur ordre chronologique. Après avoir nombre de fois repoussé l'idée d'en entreprendre le travail, je fus enfin convaincu que c'était un devoir et que nul ne peut raconter les faits avec plus de précision que celui qui a assisté à leur éclosion et qui a été témoin des faibles moyens dont Dieu s'est servi pour opérer de si grandes choses; qui a constaté et constate encore aujourd'hui les divins effets de la grâce de Dieu à Troissy.

Voilà ce qui pourra expliquer au lecteur les irrégularités qu'il trouvera dans cette notice, émanée d'une plume inhabile qui s'est sentie poussée à dire la seule vérité.

« Non point à nous, ô Eternel, non point à nous, « mais à ton nom donne gloire ! » Psaume CXV, v. 1.

Monneaux, septembre 1878.

EXTRAIT

DES

ARCHIVES DU CONSISTOIRE

DE MEAUX

CINQUANTE ET UNE LETTRES SUR LE RÉVEIL DE TROISSY
EN 1872.

28. Arrivée à Monneaux de trois messieurs (une heure du soir). **Dates.** **Février.**

3. Première visite à Troissy; arrivée chez M. Orban-Duchenet. **Mars.**

10. Seconde visite, première réunion dans une cour.

17. Première réunion à Bouquigny, chez M. Rondeau.

29. Demande écrite de réunions religieuses par les habitants de Troissy et Bouquigny, revêtue de soixante-dix-huit signatures de chefs de famille.

31. Nouvelle visite à Monneaux de sept personnes de Troissy.

3. Projet d'enquête. **Avril.**

5. On visite de nouveau Troissy et Bouquigny, les relations sont de plus en plus intimes; on tient des réunions chez MM. Duchenet et Orban-Duchenet.

8. Demande d'autorisation de réunion à M. le préfet de la Marne par le président du consistoire de Meaux.

10. Lettre d'un légiste au président conseillant l'abstention de réunions.

Id. Lettre du préfet demandant communication de la pétition ci-dessus.

13. Le maire permet de célébrer le culte dans le local de la future école.

14. Première réunion dans ce local.

17. On sent le besoin d'écoles; le nom de M. Parent (l'instituteur regretté) est mis en avant.

22. M. le préfet renvoie la pétition au président et autorise les réunions.

24. Trois heures quinze minutes. — Télégramme demandant que l'on sursoie à ladite autorisation.

Id. Lettre du préfet donnant le motif de ce retrait (l'évêque agissait).

27. Réunions légales et privées avec cartes nominatives.

Mai. 1. Une religieuse perd une lettre compromettante qui est trouvée par Mme D. Enquête. Fausses nouvelles.

5. Réunions privées, visites à domicile, étude du psaume 116 et des cantiques 5, 52 et 64.

8. Première réunion par M. le pasteur L., à Troissy. Cent cinquante auditeurs, et à Bouquigny cent. Institutrice proposée.

Ascension. 9. Réunions privées aux deux endroits ci-dessus ; étude du psaume 84 et du cantique 160.

16. Lettre du président au préfet l'avertissant de la reprise des services réguliers.

17. Le préfet met en doute que ce soit un réveil religieux ;

il tient à le considérer comme politique et ajoute quelques mots d'histoire. (Voir page 1re, sous la date 17 mai.) Le préfet déclare s'en référer au ministre (Jules Simon).

19. Dix-sept personnes de Troissy viennent passer la fête à Monneaux. *Pentecôte.*

Id. Le préfet s'adresse au ministre; on le suit, on va aussi au ministre.

27. Réunion nombreuse à Troissy dans le local habituel: l'intervention de la police est attendue; des jeunes gens jouent du cornet à piston pendant la durée du service.

2. Huit personnes de Troissy assistent à l'installation de M. le pasteur Tintelin au poste de l'Église de Monneaux (grande fête). *Juin.*

10. Voyage à Reims de M. et Mme Duchenet. Singulière conversation au sujet du projet d'annexion.

Id. L'institutrice est trouvée.

11. Le préfet demande audience au président du consistoire de Meaux (causerie intime sur Troissy).

19. Le traitement de l'institutrice est trouvé; on appelle Mme Reynaud de Nîmes : — question d'annexion.

23. Réunion nombreuse, présidée par l'instituteur de Meaux.

30. Réunions privées à Troissy et Bouquigny.

10. Arrivée de l'institutrice. Création de l'École du Dimanche. *Juillet.*

11. Déclaration d'ouverture d'une école libre; une institutrice anglaise visite Troissy et donne 100 francs;

M. Holden de R. 300 francs pour approprier la grange à sa future destination, et 200 francs pour la création d'une bibliothèque : — le prêtre fait des menaces en chaire ; à la haine on oppose la charité.

14. Réunion présidée par l'instituteur de Monneaux.

18. Le nouveau maire de Troissy rejette la déclaration de Mme Reynaud comme incomplète.

20. Dénonciation contre Mme Reynaud ; tracasseries ; enquête.

Id. L'inspecteur d'Académie refuse l'école mixte et le local. On remue ciel et terre contre le projet d'école.

26. M. Maître est proposé et agréé en qualité d'évangéliste.

28. Réunion nombreuse présidée par un ancien de Monneaux assisté d'un visiteur belge (on croit apercevoir le garde champêtre).

30. Question du mobilier de l'école.

Août. 9. Lettre du préfet se plaignant au président que le culte de Troissy soit public ; fausses dénonciations ; la commission municipale s'oppose à la création d'une école.

11. Réunion présidée par M. le pasteur Tintelin ; première visite à Nesles. L'instituteur préféré, M. Parent, doit quitter son poste ; les menaces ont leur effet.

12. M. Maître s'installe à Bouquigny chez M. Rondeau.

14. Lettre du préfet déclarant impossible l'ouverture d'une école mixte.

15. Des habitants de Nesles-le-Repond font une demande de réunions : — le maire autorise.

18. Réunion à Troissy.

25. M. le pasteur Monnier, de Saint-Quentin, fait une réunion à Troissy.

Id. La question d'école traîne en longueur; l'ennui s'empare de l'institutrice.

Id. Lettre du président du consistoire de Sedan à celui de Meaux demandant l'annexion de Troissy à Reims; il croit que si Troissy est venu vers Monneaux, c'est à cause de la distance plus rapprochée; erreur.

Id. M. le pasteur Tintelin, de Monneaux, préside une première réunion à Nesles=le=Repond : — cent cinquante auditeurs, grande attention; il expose le christianisme dans toute sa simplicité et sans controverse, sur les paroles de saint Paul, 1re Cor., II, v.2 : « Je n'ai pas jugé que je dusse savoir autre « chose parmi vous que Jésus-Christ et Jésus-Christ « crucifié. » Plusieurs étaient venus des communes voisines.

30. Le consistoire de Meaux demande de nouveau au préfet l'autorisation pour les réunions de Troissy; le préfet en réfère au ministre à cause de l'évêque : (des deux lequel était donc préfet?)

8. Seconde réunion publique à Nesles, présidée par Septembre. MM. Bouvier, de Meaux; Lerriaux, de Paris, et Gorry, pasteur à Dublin : assistance nombreuse venue des communes voisines; — procès. Réunion à Troissy, le soir.

10. Lettre confidentielle, mandant le président du consistoire de Meaux au ministère.

257